Mi enciclopedia visual

MI MUNDO DÍA A DÍA

Olivia Brookes

LIBSA

© 2010, Editorial LIBSA
C/ San Rafael, 4
28108 Alcobendas. Madrid
Tel. (34) 91 657 25 80
Fax (34) 91 657 25 83
e-mail: libsa@libsa.es
www.libsa.es

ISBN: 978-84-662-2044-6

Traducción: Antonio Rincón Córcoles

Ilustraciones: Mark Stacey

Título original: *My World*

Contenido

EN ESTA ENCICLOPEDIA encontrarás datos sobre las personas, las situaciones y las cosas que te son familiares: por ejemplo, tu familia y tus amigos, tu casa y tu colegio, el supermecado de tu barrio y el hospital donde acudes cuando estás enfermo, etc. También aprenderás más sobre tu interior, sobre cómo funciona tu cuerpo, cuáles son los órganos más importantes y las funciones que realizan.

De la misma forma te mostraremos cuáles son los cinco sentidos y sus características.

En cada tema se encuentra una ilustración principal donde aparecen los elementos más importantes.

Si miras con mucha atención, encontrarás un pequeño manojo de llaves en todas y cada una de las ilustraciones principales de este libro.
Si no lo ves, en la página 32 descubrirás dónde se esconde.

También se presenta en cada apartado una pequeña introducción para explicar las características del tema que se expone.

Cada casilla viene con la ilustración y la definición de un término concreto.

Algunas ilustraciones (aunque no todas) pueden encontrarse en algún lugar de la página principal.

La escuela infantil 25

ir al colegio,
›s acuden a
infantil o a
ía. Allí pintan,
mentos,
nden y se
on un gran
› de amigos.

Profesora
Los profesores trabajan en la escuela infantil. Ayudan a los niños a leer y escribir. Les leen cuentos y les enseñan a pintar o a tocar instrumentos.

Lectura
En la escuela hay montones de cuentos. Los profesores a veces los leen para toda la clase. Los niños pueden mirar las imágenes y empiezan a aprender a leer.

Escritura
Cuando escribes, pones las letras juntas para formar palabras. Todas las letras forman el alfabeto. Es necesario aprender el alfabeto para saber escribir. Cada letra tiene una forma. Normalmente, la primera palabra que aprenderás a escribir será tu nombre.

Instrumento musical
Puedes hacer música con un instrumento musical. Cuando tocas el xilófono, cada tecla suena con una nota diferente. Si las tocas en un cierto orden y con ritmo, formarás una melodía.

Pintar
Puedes pintar con pinceles en el papel. Mezclarás la pintura con agua y después guiarás el pincel sobre la hoja. Puedes usar los colores que tienes o mezclarlos para formar otros nuevos.

Lupa
Para ver cosas muy pequeñas con mucha nitidez, puedes observarlas con una lupa. El vidrio tiene una forma especial para que el objeto parezca más grande. Si, por ejemplo, introduces una oruga y unas hojas en una caja con lupa, verás a la oruga comerse las hojas. También distinguirás los dibujos de su piel.

¡HOY CUMPLES cinco años! Toda tu familia se ha reunido para celebrar contigo tu cumpleaños. Llega el cartero con las postales de tus amigos.

Cumpleaños

En tu cumpleaños celebras el día en que naciste. Es un día muy especial para ti. Tu familia te hace regalos. Preparas una fiesta e invitas a tus amigos.

Hermanos y hermanas

Con tus hermanos y hermanas compartes algo muy importante: tenéis los mismos padres. A lo mejor os parecéis. Los gemelos, que tienen exactamente la misma edad, se parecen muchísimo.

Embarazada

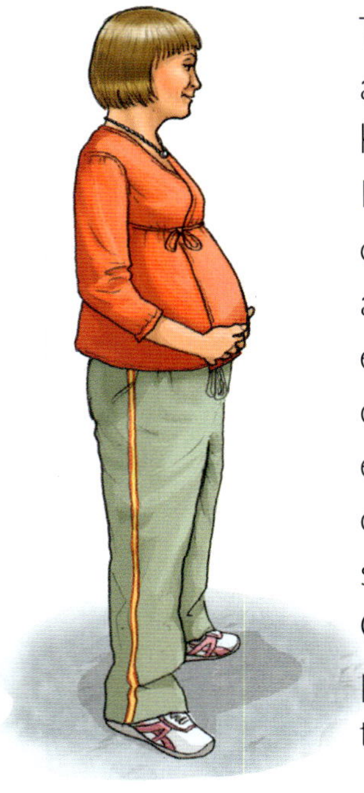

Tu madre te dio a luz a ti, y también a tus hermanos y hermanas. Durante el tiempo en que estaba esperando a que nacieras, se llama embarazo. Este tiempo dura nueve meses y, en él, el vientre no deja de crecer mientras el bebé se desarrolla en el útero. Cuando el niño está a punto de nacer, la madre tiene que ir al hospital.

Padres

Tus padres son mamá y papá. Cuidan de ti desde el momento en que naciste. Se esfuerzan para que comas bien, lleves la ropa adecuada y vivas caliente, feliz y sin peligros. Te ayudaron a aprender a andar y a hablar, y te enseñaron a comportarte educadamente con los demás. En tu crecimiento siempre te han dado cariño, apoyo y buenos consejos.

Abuelos

Tus abuelos son los padres de tus padres. Así, puedes tener dos abuelos por parte de tu madre y otros dos por la de tu padre, en total cuatro.

Bebé

Cuando es recién nacido, lo único que hace un bebé es llorar, comer y dormir. Pero cuando va creciendo aprende a sonreír, a sentarse, a comer y a beber solo. Pronto empezará a gatear, a ponerse de pie, a andar... y también a hablar.

LAS PERSONAS tenemos distintas formas, tamaños y colores. Pero por muy diferentes que podamos parecer en el aspecto, nuestro cuerpo funciona siempre por dentro igual. Y todos necesitamos asearnos diariamente.

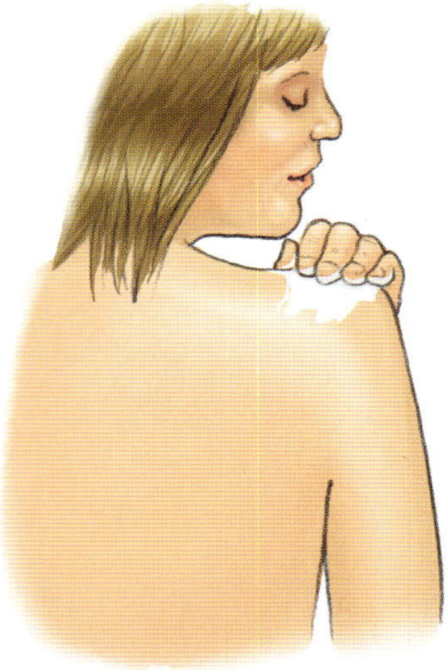

Piel
El cuerpo está cubierto por una capa de piel que protege nuestro interior del agua, la suciedad y los gérmenes. También ayuda a controlar la temperatura corporal. La piel está reponiéndose continuamente.

Pelo
El pelo crece de forma más densa en la cabeza, pero lo hace también en todo el cuerpo, salvo en las palmas de las manos y plantas de los pies. El pelo y las uñas están hechos de la misma sustancia. El pelo crece a partir de agujeros muy pequeños en la piel llamados folículos. La parte que se ve, en realidad está muerta.

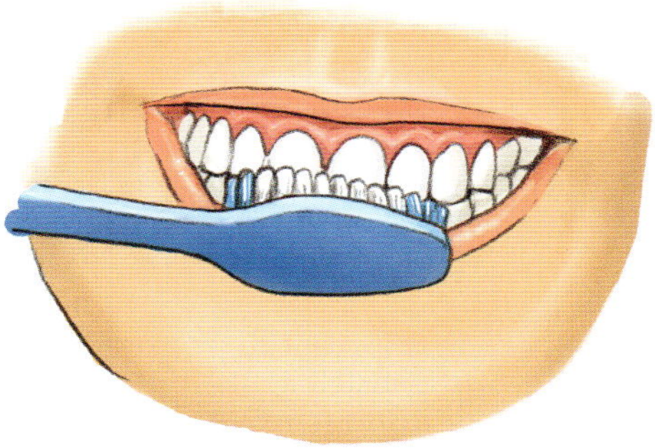

Dientes
Todos tenemos dientes con los que masticamos la comida. Los primeros dientes salen cuando uno es bebé. Después se caen y son sustituidos por dientes definitivos, más grandes. Es importante cuidar bien la dentadura para que no se estropee. Los dientes de los adultos no vuelven a salir, así que hay que cepillarlos para protegerlos.

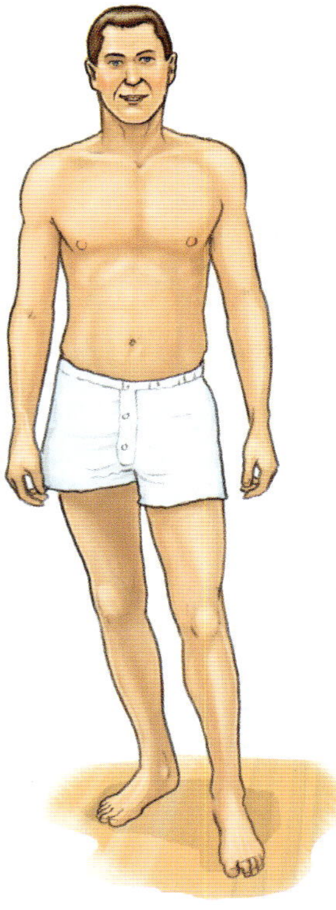

Hombre
Existen diferencias físicas entre hombres y mujeres. Los hombres suelen ser más altos y tienen más pelo en la cara y el cuerpo. Con frecuencia son más fuertes, con músculos más visibles. Además, los hombres tienen pene y testículos. Los testículos crean los espermatozoides que fecundan el óvulo para que se forme un bebé.

Mujer
Las mujeres suelen ser más bajas que los hombres, con cuerpos con más curvas. Tienen esqueletos más ligeros y pequeños. Las caderas son más anchas, para dejar sitio para que un bebé pueda nacer. Además, tienen pechos, que producen leche para alimentar al bebé. Las mujeres tienen vagina.

EL CUERPO HUMANO está formado por cabeza, abdomen y extremidades. Contiene huesos, músculos, sangre, nervios y también órganos como el cerebro, el corazón y los pulmones. Las distintas partes del cuerpo trabajan unas con otras para que podamos comer, dormir, pensar y correr.

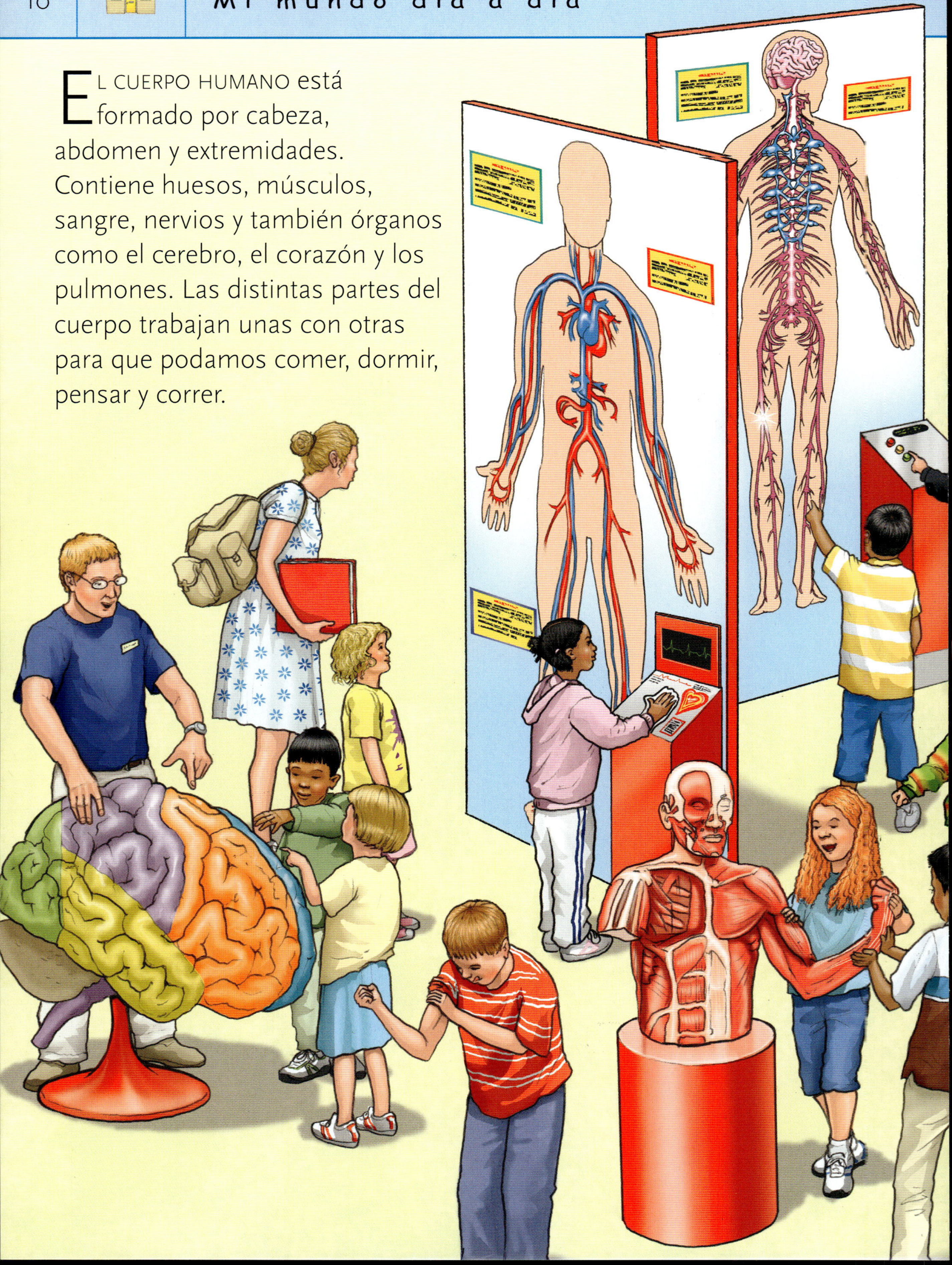

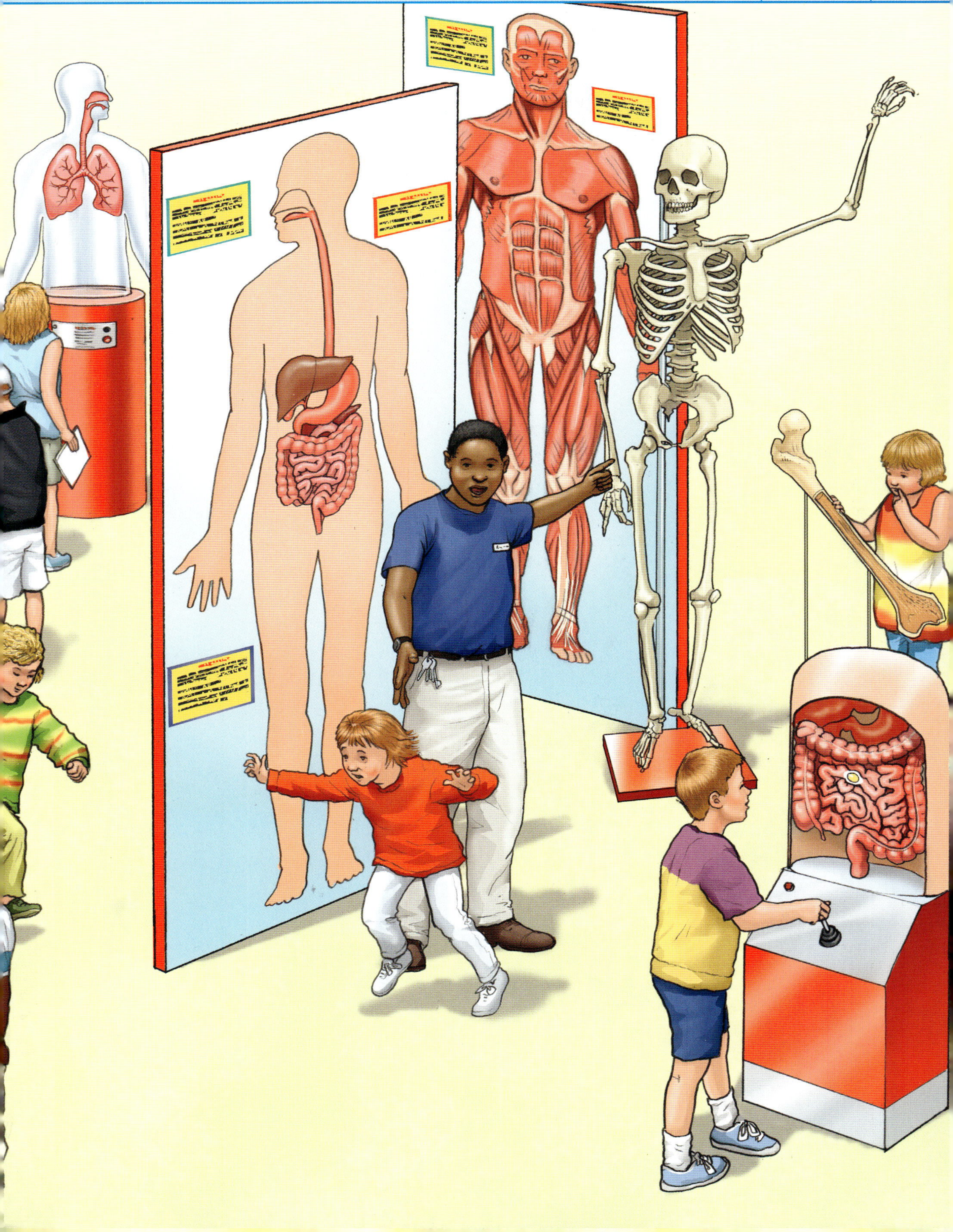

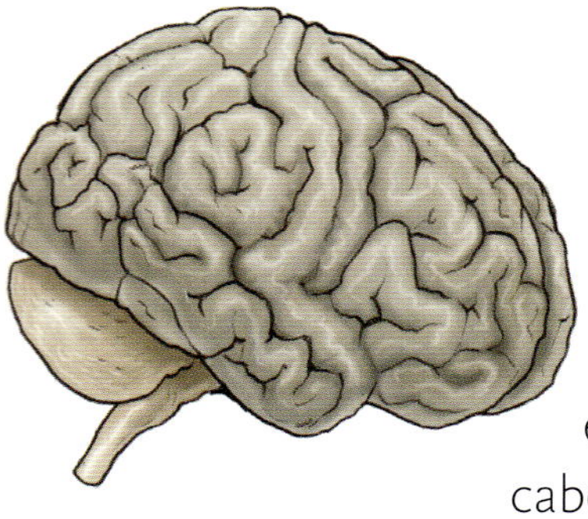

Cerebro

El cerebro es un órgano gelatinoso que está dentro de la cabeza. Se encuentra protegido por el cráneo (el hueso de la cabeza). Controla todas las partes del cuerpo, incluida la respiración, el latido cardiaco, el movimiento y el pensamiento. Si se tiene sed el cerebro envía un mensaje para indicarle al brazo que agarre un vaso de agua y lo guíe hacia la boca.

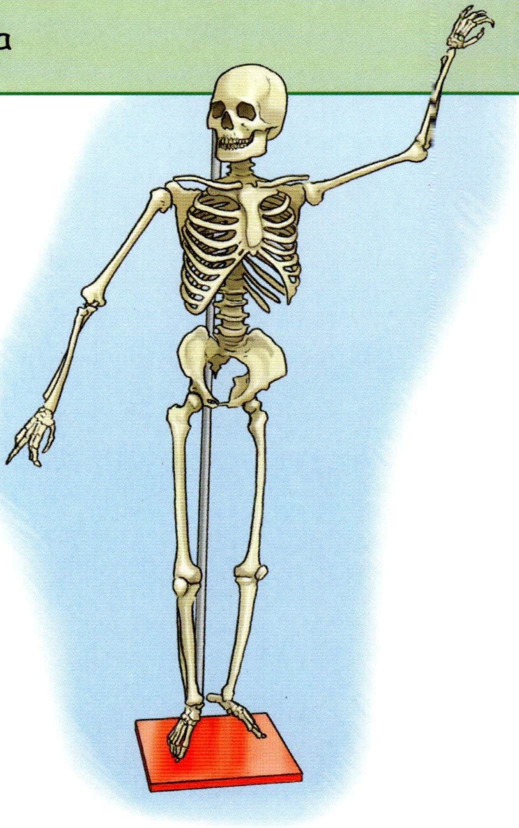

Esqueleto

El esqueleto está formado por centenares de huesos. Mantiene el cuerpo recto y protege los órganos. El hueso más largo y pesado es e fémur que se encuentra en el muslo.

Nervios

Los nervios son largas y finas conexiones entre el cerebro y el resto del cuerpo. El cerebro controla el cuerpo enviando y recibiendo señales a lo largo de los nervios. La mayoría de ellos están unidos a la médula espinal. Esta es un grueso haz de nervios que recorre la espalda.

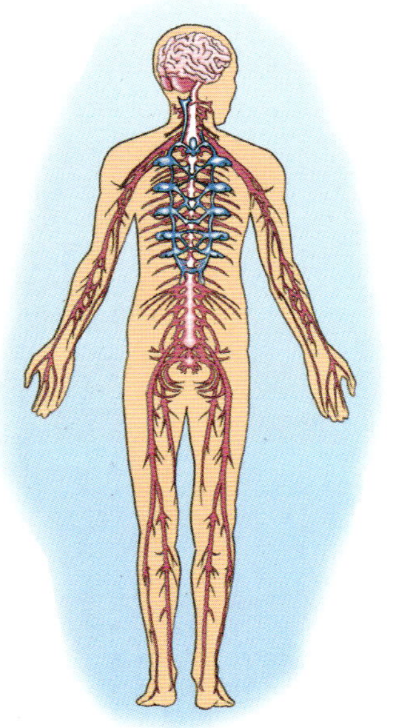

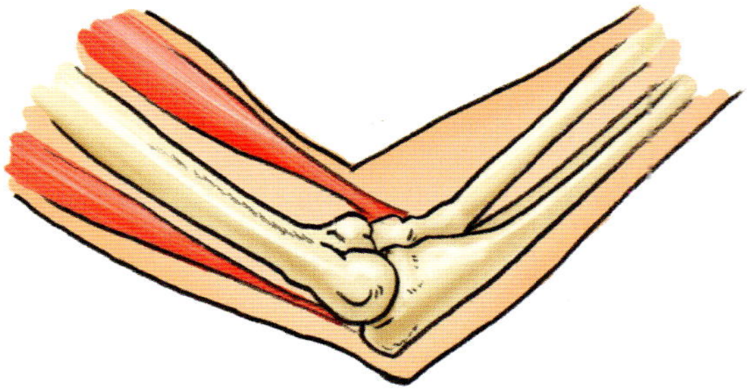

Articulaciones

Las articulaciones son los lugares donde unos huesos se unen con otros. El codo es una articulación móvil entre el brazo y el antebrazo. Los extremos de los huesos están unidos por una sustancia lisa y resbaladiza llamada cartílago.

Músculos

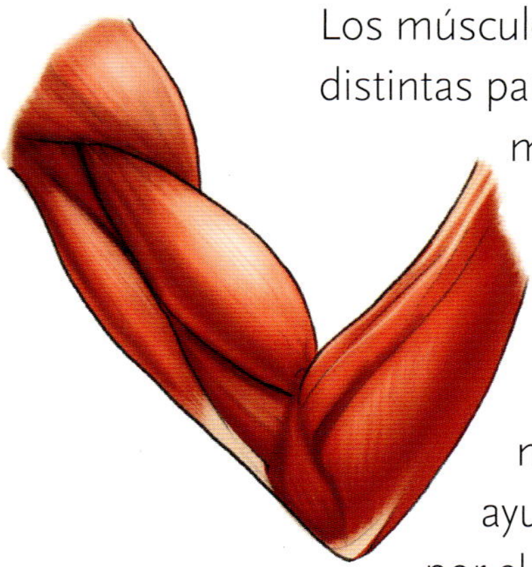

Los músculos se usan para mover las distintas partes del cuerpo. Los músculos se conectan con los huesos a través de los tendones, muy parecidos a las cuerdas y muy resistentes. Unos músculos especiales ayudan a que la comida pase por el estómago y el intestino.

Corazón

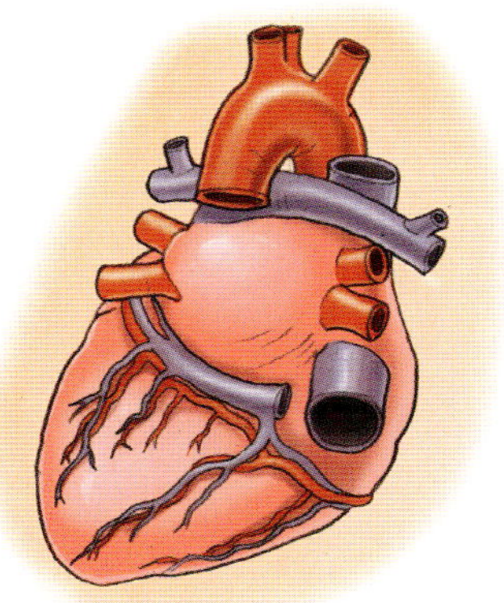

El corazón es un músculo muy fuerte que bombea la sangre por todo el cuerpo. Comprime la sangre y después la empuja. El pulso se puede sentir colocando los dedos sobre la parte interna de la muñeca o en un lado del cuello.

Sangre

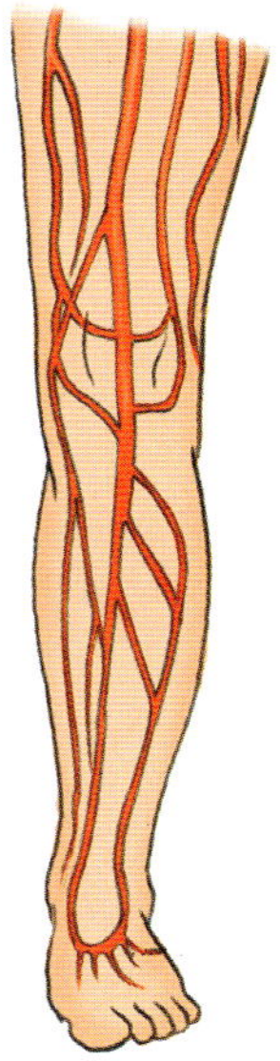

La sangre es un líquido que transporta oxígeno y alimento a todas las partes del cuerpo. También extrae los productos de desecho, ayuda a enfriar el cuerpo, se coagula cuando se produce un corte en la piel y protege contra los gérmenes. Bombeada por el corazón, fluye por el cuerpo a través de unos tubos largos y finos llamados venas y arterias.

Pulmones

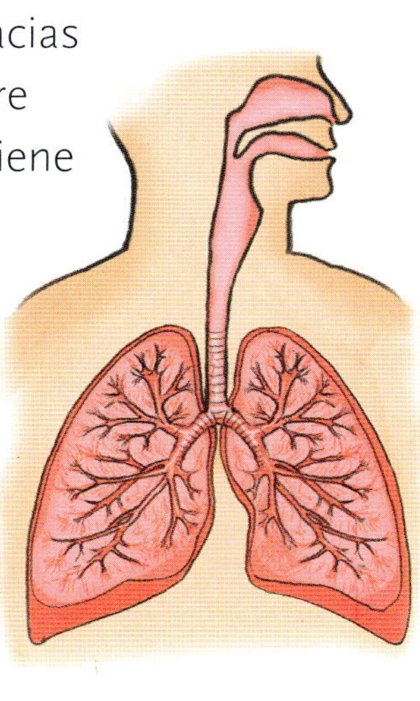

Podemos respirar gracias a los pulmones. El aire que llega a ellos contiene oxígeno, un gas que es necesario para vivir. Los pulmones pasan el oxígeno a la sangre. También exhalan el aire de desecho.

Estómago

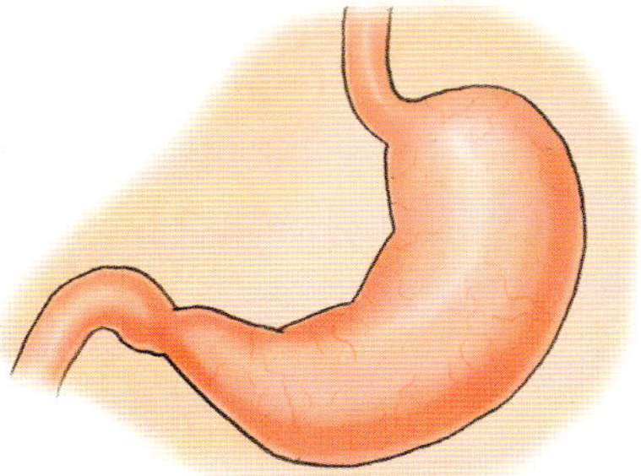

El estómago es una bolsa con paredes de músculo. En él se procesa la comida que se ha ingerido en una mezcla con aspecto de puré. La mucosa del estómago fabrica unos potentes jugos gástricos que se mezclan con la comida.

Intestino

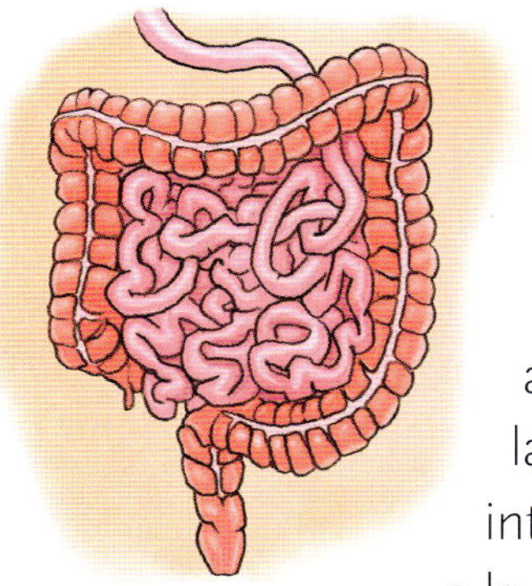

Se llama intestino al largo tubo enrollado que está dentro del abdomen. La comida triturada en el estómago pasa lentamente al intestino. Los nutrientes (sustancia) de los alimentos atraviesan la mucosa del intestino y llegan a la sangre.

Hígado

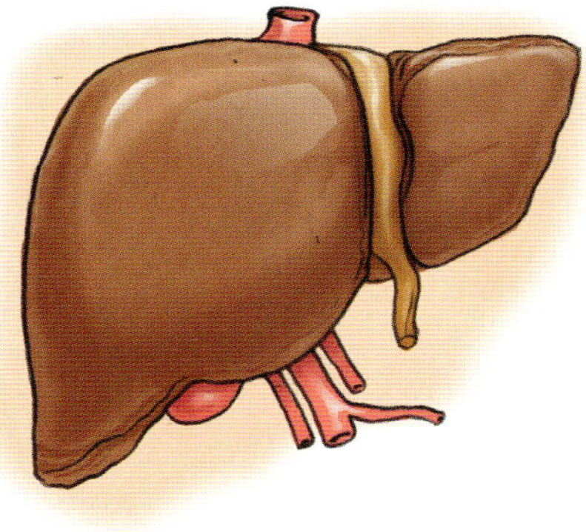

El hígado es un órgano grande. Toma los nutrientes del alimento desde la sangre que pasa a través de él. Convierte estos nutrientes en productos químicos que el cuerpo necesita y los almacena. Envía todas las sustancias que el cuerpo no necesita a los riñones, que se deshacen de ellas.

TODOS TENEMOS cinco sentidos. Podemos ver, oír, oler, probar y tocar. Vemos con los ojos, oímos con los oídos, olemos con la nariz, probamos con la lengua y tocamos con la piel.

Vista

Vemos con los ojos. Algunos ojos son pardos, otros azules, verdes o grises. La parte coloreada del ojo se llama iris. Es un anillo de músculo que controla el tamaño de la apertura de la pupila, que ocupa su centro. La luz pasa a través de una «ventana» transparente, denominada córnea, en la parte anterior del ojo. Después entra en el ojo a través de la pupila.

Tacto

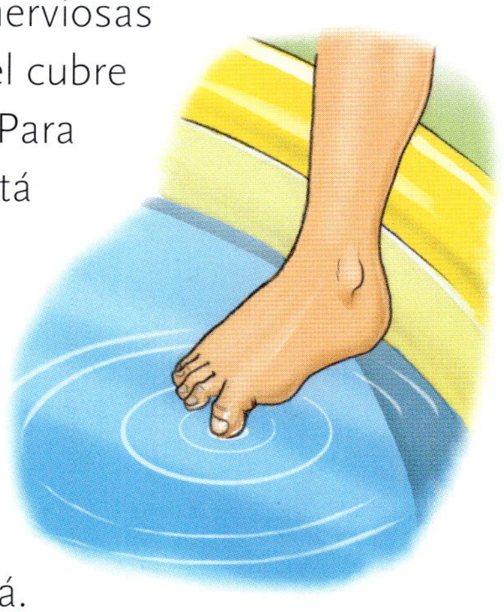

Las sensaciones se perciben con las terminaciones nerviosas de la piel. La piel cubre todo el cuerpo. Para ver si el agua está caliente o fría, metes los dedos dentro. El cerebro en seguida detecta a qué temperatura está.

Gusto

El gusto reside en la lengua. En ella hay cientos de papilas gustativas. Las diferentes papilas pueden decirnos si un alimento sabe dulce o salado, ácido o agrio. La punta de la lengua reconoce los alimentos dulces. La parte posterior nos dice si algo es amargo. El olfato también ayuda al gusto.

Oído

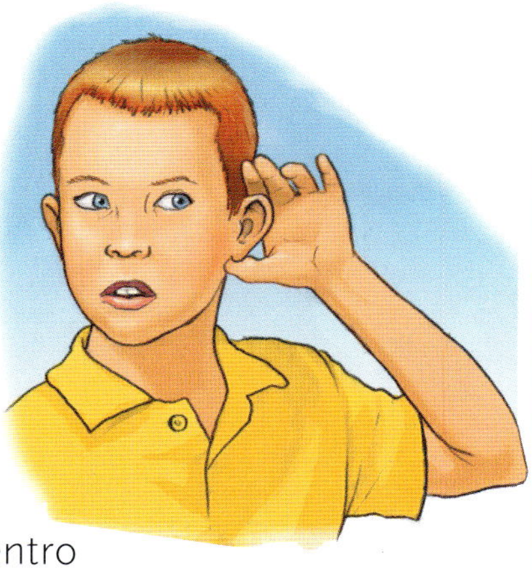

Se oye con los oídos. Los salientes semicirculares que están a los lados de la cabeza se llaman orejas. Si alguien emite un ruido, las vibraciones viajan a través del aire y llegan al tímpano, en el oído interno, dentro de la cabeza.

Olfato

La nariz es el órgano que usamos para oler. Si alguien está asando comida en la barbacoa, el olor se transmite por el aire que respiramos. El olor es captado por terminaciones nerviosas dentro de la nariz. Las señales nerviosas activan el reconocimiento del olfato en el cerebro, que nos dice si lo que olemos se puede o no comer.

NUESTRO ESTADO de ánimo puede cambiar. A veces estamos contentos, y otras tristes. Nos aburrimos con las cosas y podemos discutir incluso con nuestros mejores amigos. ¡Al día siguiente lo habremos olvidado! Pero siempre comemos y bebemos para mantenernos sanos y debemos dormir varias horas para que nuestro cuerpo descanse todo lo que necesite.

Dormir

Durante el día, estamos activos y consumimos energía. Por la noche, nos sentimos cansados y debemos dormir para que el cuerpo pueda descansar y recuperarse. Todos soñamos, pero a menudo no recordamos los sueños al despertarnos.

Trabajar

Los adultos deben trabajar para ganar dinero. Muchas personas trabajan fuera de casa. Pero también hay algunas que lo hacen en casa, como las amas de casa que cocinan, limpian y cuidan de su familia.

Tristeza

En la vida, a veces suceden cosas tristes, por ejemplo, cuando perdemos a un ser querido. Es un sentimiento doloroso. Incluso nos puede hacer llorar. Nuestro cuerpo está sano, pero nos invade la tristeza. A menudo sirve de mucha ayuda que alguien nos consuele.

Comer

Para tener energía debes comer y beber de forma sana y regular. Cuando tienes hambre es porque tu cuerpo te dice que necesitas comer.

Enfermedad

Si contraes gérmenes puedes enfermar. Entonces, tu cuerpo se debilita y debe descansar para que te sientas mejor. Las medicinas pueden ayudarte a aliviar el dolor o a combatir los gérmenes. Normalmente te pondrás bien en unos días.

Felicidad

A veces nos sentimos muy contentos. Nos reímos mucho y todo nos parece divertido. Hay cosas que nos hacen sentir estupendamente, como un pastel, un tobogán o que alguien nos alabe por hacer bien las cosas. También podemos sentirnos felices sin ningún motivo.

Envidia

Cuando alguien tiene algo que nosotros queremos, o si no nos han invitado a una fiesta y a un amigo sí, podemos sentir envidia. Pero si pensamos en lo afortunados que somos en otros sentidos, podremos empezar a sentirnos mejor.

Muerte

Cuando un ser vivo, persona, animal o planta, es viejo o está muy enfermo, tal vez deje completamente de funcionar y muera. Alguien que muere se duerme para siempre. Las personas que han muerto viven en nuestros pensamientos.

Discusión

Podemos discutir por muchos motivos; por ejemplo, cuando hay un solo juguete y dos niños quieren jugar con él. Si aprendes a compartir, no tendrás que discutir.

Enfado

A menudo nos enfadamos cuando alguien hace las cosas mal o es injusto con nosotros. Nos dan ganas de gritar y de patear el suelo. En general, el enfado se pasa pronto y nos calmamos.

Miedo

El miedo es un sentimiento muy desagradable. Cuando nos asustamos, a menudo empezamos a sudar y a temblar, y el corazón se acelera. Las personas tienen miedo de cosas muy distintas, como la oscuridad o un perro de aspecto feroz. Hablar con nuestros padres o con nuestros amigos puede ayudarnos a tranquilizarnos, y espantaremos nuestro temor.

Cariño

El amor es uno de los sentimientos más bonitos. Si nos ponemos muy contentos cuando mamá o papá vuelven a casa, es una prueba de lo mucho que los queremos. También queremos a otras personas de nuestra familia y a nuestros amigos. Somos muy afortunados porque ellos nos quieren a nosotros.

LAS PERSONAS suelen vivir en pisos o en casas. En ellos hay diferentes habitaciones para distintos fines. Se guisa en la cocina. A menudo también en ella se lava la ropa. Además hay un salón, un cuarto de baño y dormitorios. Un piso es una casa dentro de un edificio de varias plantas. Algunas casas tienen garaje para el automóvil y un jardín.

Cocina
En la cocina se encuentran los fogones, en ellos cocinamos cociendo o friendo los alimentos. También se encuentra el horno que sirve para gratinar y asar las comidas.

Radio
Los programas de radio se difunden por ondas de radio invisibles. La radio recibe las ondas con su antena. Si se enciende y se sintoniza en la longitud de onda correcta, se escucha el programa de radio.

Frigorífico
Cuando compramos alimentos frescos como la carne, el pescado, etc., los guardamos en el frigorífico. Así se mantienen fríos y se conservan más tiempo.

Televisión
Los programas de televisión se difunden mediante ondas de radio. Una antena de cuernos o una parabólica captan las ondas que llevan las señales desde la emisora de televisión. Estas ondas viajan después por el cable hasta el televisor, donde se convierten en imágenes y sonido.

Electricidad
Si quieres usar un secador de pelo o cualquier aparato eléctrico, lo tienes que enchufar. Cuando enciendas el secador, por él circulará una corriente eléctrica que servirá para que te seques el pelo. La corriente eléctrica es peligrosa: nunca se deben introducir los dedos en un enchufe.

Bombilla
Una bombilla alumbra una habitación. Dentro de la bombilla hay un alambre muy fino. Cuando se enciende la luz, la electricidad circula por la bombilla. El hilo se pone muy caliente y se ilumina. La bombilla emite una luz muy brillante.

Teléfono

El teléfono se usa para hablar con una persona que está lejos y no puede oírnos.

En el receptor hay un pequeño micrófono. El micrófono capta tu voz. Esta se transmite después por un cable o por el aire hasta el otro teléfono.

Lavadora

La lavadora se usa para lavar la ropa. Se pone detergente en la máquina. La ropa gira con una gran cantidad de agua caliente y jabonosa, hasta que queda limpia.

Inodoro

El inodoro consiste en un váter y en una cisterna llena de agua. La cisterna está conectada al váter por una tubería. Cuando se tira de la cadena, el agua pasa de la cisterna al váter para limpiarla. Desde aquí, otra tubería lleva los residuos al sistema de alcantarillado.

Reloj

Un reloj nos dice qué hora es. La manecilla grande marca los minutos. Tarda 60 minutos (una hora) en dar la vuelta entera. La manecilla pequeña señala las horas. En este reloj son las dos en punto.

Calefacción

Cuando hace frío se enciende la calefacción. Un radiador calienta la habitación. El radiador tiene agua en su interior. El agua se calienta, y así también se calienta el radiador. El aire caliente se distribuye por la habitación.

Ordenador

El ordenador es una máquina electrónica que hace un montón de cosas. Se puede escribir con el teclado, divertirse con juegos, dibujar o diseñar. El ordenador sirve también para conectarse a Internet.

ANTES DE ir al colegio, los niños acuden a una escuela infantil o a una guardería. Allí pintan, tocan instrumentos, juegan, aprenden y se relacionan con un gran número de amigos.

Profesora

Los profesores trabajan en la escuela infantil. Ayudan a los niños a leer y escribir. Les leen cuentos y les enseñan a pintar o a tocar instrumentos.

Lectura

En la escuela hay montones de cuentos. Los profesores a veces los leen para toda la clase. Los niños pueden mirar las imágenes y empiezan a aprender a leer.

Escritura

Cuando escribes, pones las letras juntas para formar palabras. Todas las letras forman el alfabeto. Es necesario aprender el alfabeto para saber escribir. Cada letra tiene una forma. Normalmente, la primera palabra que aprenderás a escribir será tu nombre.

Instrumento musical

Puedes hacer música con un instrumento musical. Cuando tocas el xilófono, cada tecla suena con una nota diferente. Si las tocas en un cierto orden y con ritmo, formarás una melodía.

Pintar

Puedes pintar con pinceles en el papel. Mezclarás la pintura con agua y después guiarás el pincel sobre la hoja. Puedes usar los colores que tienes o mezclarlos para formar otros nuevos.

Lupa

Para ver cosas muy pequeñas con mucha nitidez, puedes observarlas con una lupa. El vidrio tiene una forma especial para que el objeto parezca más grande. Si, por ejemplo, introduces una oruga y unas hojas en una caja con lupa, verás a la oruga comerse las hojas. También distinguirás los dibujos de su piel.

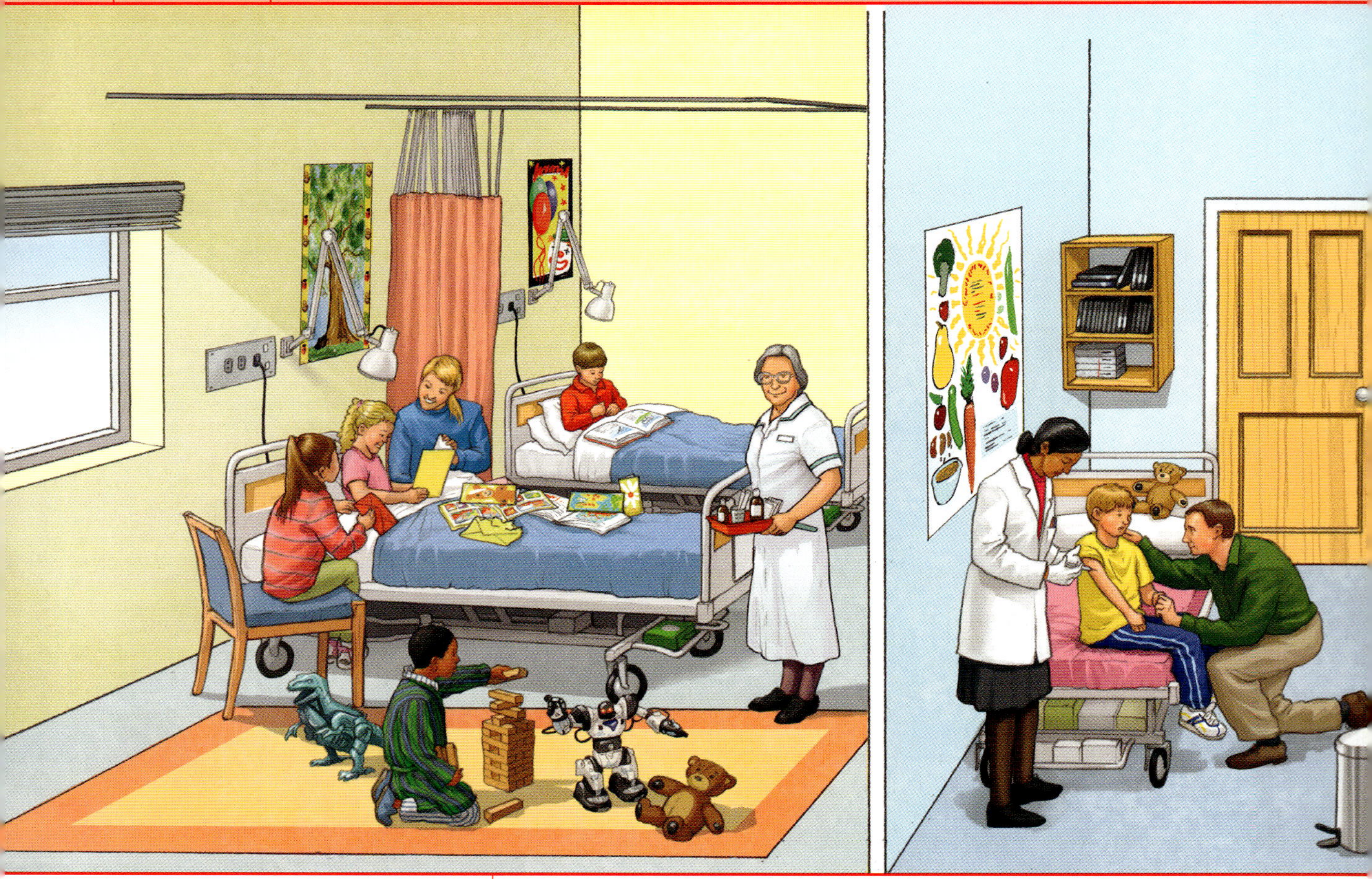

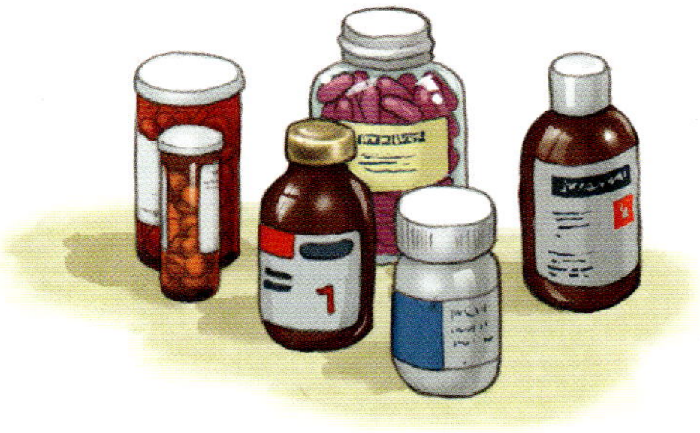

Medicina

Las medicinas ayudan a curar las enfermedades. Se presentan en forma de pastillas, cápsulas o jarabes. Cuando un médico descubra lo que está mal, te dará una receta. Llevarás esta receta a la farmacia, donde te darán la medicina.

Médico

Los médicos conocen las causas de muchas enfermedades y saben cómo curarlas. Si le dices al médico dónde te duele, podrá descubrir lo que te sucede. Cuando sepa por qué te duele, te ayudará a sentirte mejor.

Enfermera

Las enfermeras trabajan en los hospitales. Ayudan a los médicos a que te sientas mejor. Hacen distintas tareas. Te ponen el termómetro, te dan la medicina y te llevan la comida. Curan las heridas de los pacientes en los accidentes y las urgencias.

Si te pones muy enfermo pueden tratarte en un hospital. Los médicos y las enfermeras te ayudarán a curarte.

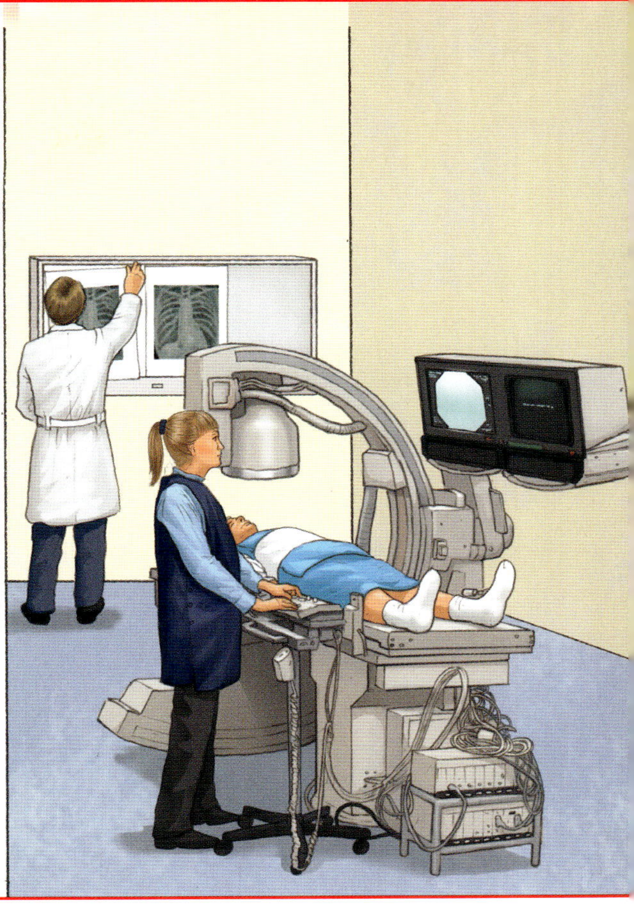

Radiografía

Una radiografía es una imagen de tu interior. Si te rompes un hueso, el médico la utilizará para descubrir exactamente dónde está la fractura. Las radiografías son útiles también para estudiar los dientes dentro de las encías.

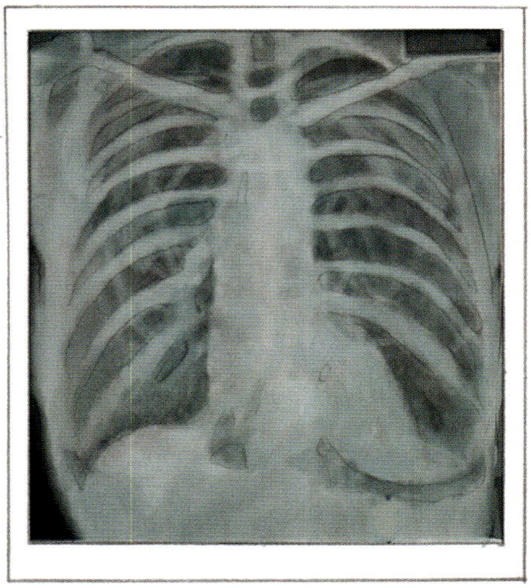

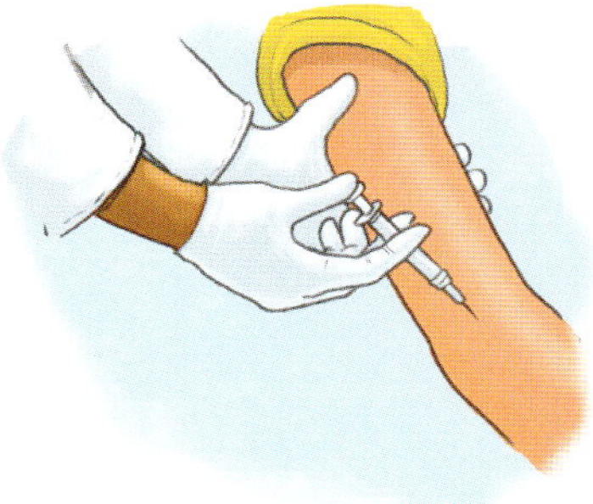

Inyección

A veces te pondrán una inyección para combatir una enfermedad. El médico usa una jeringuilla con una aguja fina y hueca acoplada en su extremo.

Estetoscopio

Un estetoscopio permite al médico escuchar el interior de tu cuerpo. Mientras inspiras y espiras, el médico oirá si tus pulmones están funcionando bien.

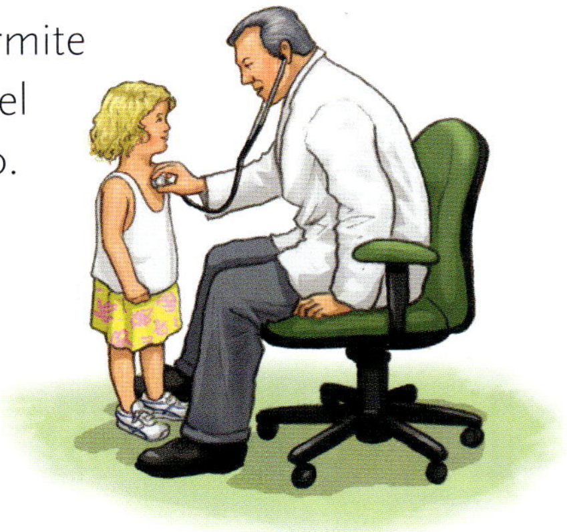

SI QUIERES comprar carne, tendrás que ir a la carnicería. Para conseguir frutas y verduras, irás a la frutería. Los panaderos venden pan y pasteles. Podrás comprar todas estas cosas, y muchas más, en un supermercado.

Carne

La carne que comemos es de ternera, cordero, cerdo o pollo. Se debe guisar o asar antes de comerla.

Frutas y hortalizas

Las frutas y las hortalizas tienen muchas vitaminas que son buenas para la salud. Las manzanas, los limones, las cerezas y los tomates son frutos. Los puerros, las patatas y las cebollas son hortalizas.

Leche

La leche viene de la vaca. A las vacas se las ordeña todos los días. La leche se mantiene fresca y se lleva a las tiendas. También se usa para fabricar queso, mantequilla y yogur.

Pan

El pan se hace con trigo. Se muelen las semillas, o granos, para preparar un polvo fino llamado harina. La harina se mezcla con agua y levadura para preparar la masa. Después, se hornea la masa para hacer el pan.

Dinero

Para comprar cosas se paga con dinero. En el pasado, antes de que se usara el dinero, se cambiaban unas cosas por otras. Si alguien criaba cerdos y quería pan, podía cambiar un cerdo por unos sacos de harina. El dinero es una forma mejor de conseguir lo que necesitamos. Todo lo que se vende tienen un precio. Se pueden usar monedas y billetes (para sumas pequeñas) o cheques (para las grandes). Las cosas se pagan también con tarjetas de crédito.

La caja registradora

El lugar donde se pagan las cosas que se quieren comprar en el supermercado se llama caja. Se lleva la compra en el carrito y se coloca sobre una cinta. El cajero pasa los artículos por un lector de código de barras, que anota el precio de cada uno. La caja registradora calcula el valor total que hay que pagar por la compra. Después se le da el dinero al cajero.

Vocabulario

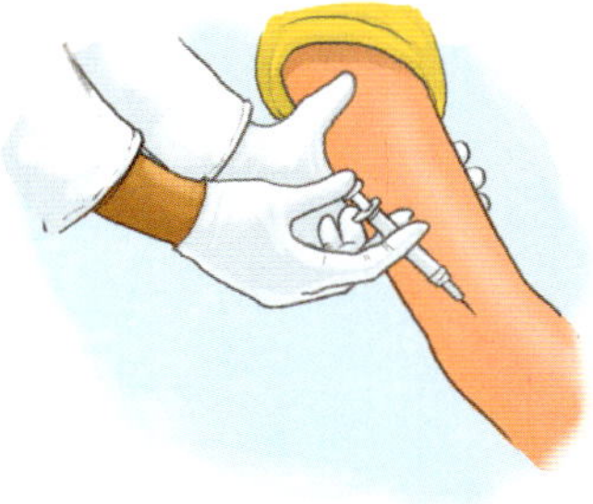

ALCANTARILLADO: red de tuberías subterráneas por donde discurre el agua sucia.

ALFABETO: conjunto de letras utilizado por una lengua.

CARTÍLAGO: tejido flexible de los vertebrados, como las orejas.

CÓRNEA: membrana transparente que recubre el ojo.

CRÁNEO: hueso que recubre el cerebro.

EMISOR: el que transmite algo.

ENFERMEDAD: cuando nuestro cuerpo sufre alguna alteración de salud.

FOLÍCULO: por donde nace el pelo.

GÉRMENES: microorganismos que pueden generar una enfermedad.

GUISAR: cocinar.

HAMBRE: sensación que tienen los animales y las personas de necesidad de comer.

HERVIR: cocinar con agua muy caliente.

IRIS: parte coloreada del ojo.

JERINGUILLA: utensilio con aguja que se utiliza para introducir líquido o extraer sangre a través de la piel.

MÉDULA ESPINAL: junto con el cerebro, órgano central del sistema nervioso.

ORDEÑAR: sacar leche.

PAPILAS GUSTATIVAS: partes de la lengua donde se percibe el sabor.

PENE: órgano sexual masculino.

PRECIO: lo que valen las cosas.

PULSO: latido de las arterias.

PUPILA: orificio por donde entra la luz en el ojo.

RECEPTOR: el que recibe algo.

SALUD: cuando nuestro cuerpo funciona correctamente.

TARJETAS DE CRÉDITO: tarjetas de plástico que sirven para pagar o para sacar dinero del cajero.

TENDONES: tejido que une músculos y huesos.

TÍMPANO: membrana que forma parte del oído.

ÚTERO: órgano reproductor femenino.

VAGINA: órgano sexual femenino.

VENAS Y ARTERIAS: conductos que llevan la sangre por todo el cuerpo.

Índice

Soluciones

Los círculos rojos muestran exactamente dónde puede verse el manojo de llaves en cada una de las ilustraciones principales de este libro.

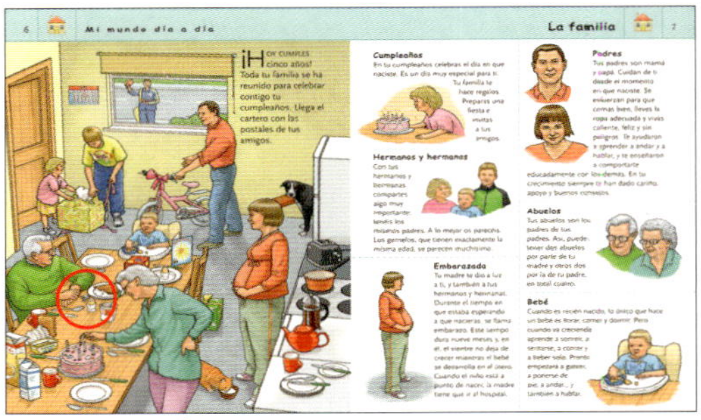

páginas 6-7

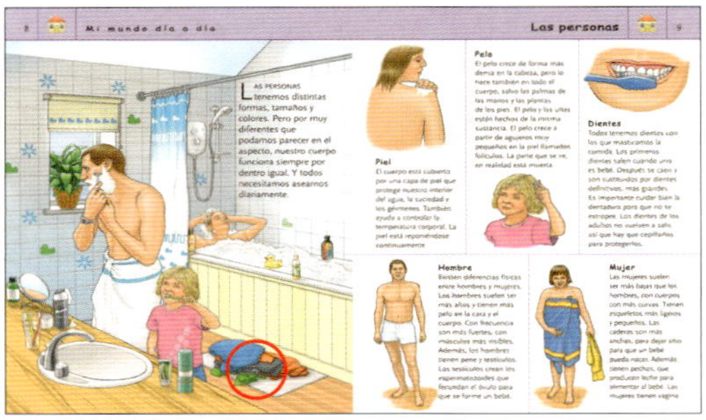

páginas 8-9

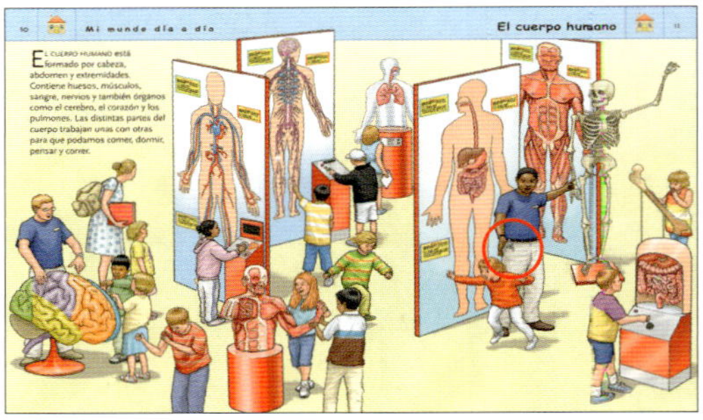

páginas 10-11

páginas 14-15

páginas 16-17

páginas 20-21

páginas 24-25

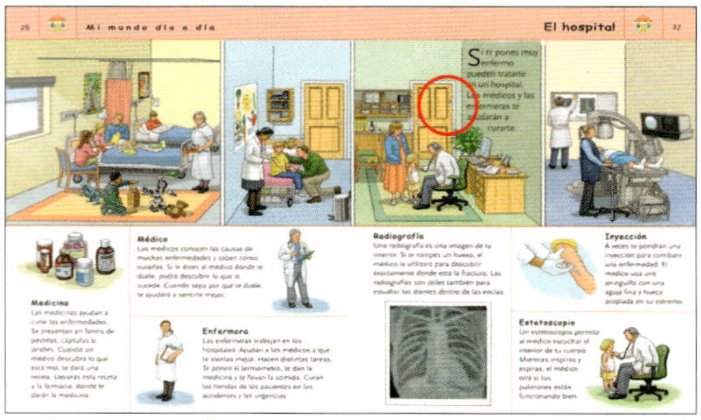

páginas 26-27

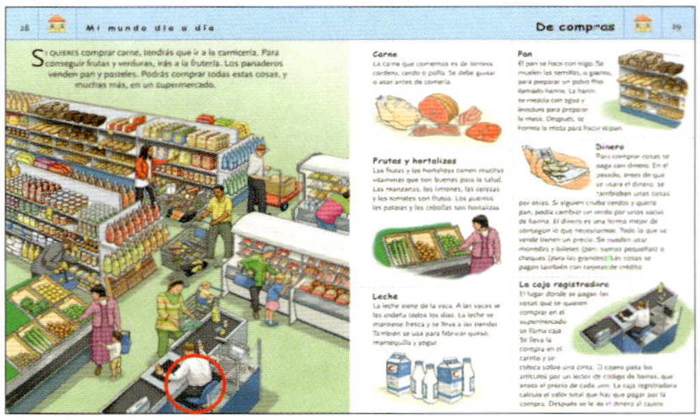

páginas 28-29